Couverture inférieure manquante

Début d'une série de documents
en couleur

JEAN DE TINAN
ERYTHRÉE
CONTE

ORNÉ PAR
M. DELCOURT

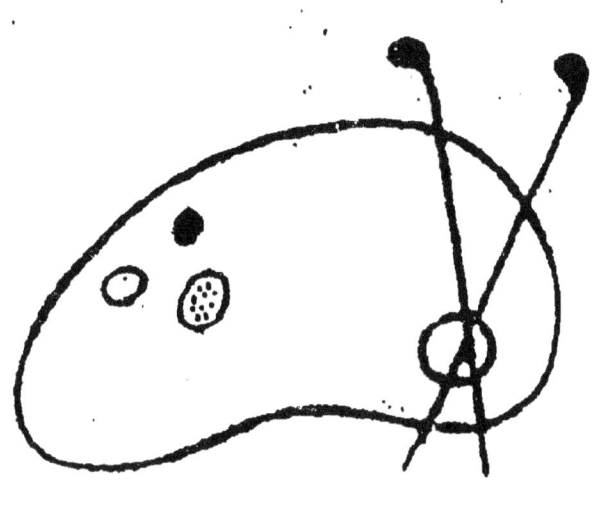

Fin d'une série de documents en couleur

EX-LIBRIS :

DU MÊME AUTEUR

LES MULTIPLES JALOUSIES,
roman . . . . à paraître

LA MORT D'EPIPHANE. *Drame.* en préparation

UN DOCUMENT SUR L'IMPUIS-
SANCE D'AIMER . . . . . 1 v. *presque épuisé*
(*Frontispice de Félicien Rops*).

ESSAI SUR SAINT-JUST. . . . en préparation

ESSAI SUR CLÉO DE MÉRODE,
CONSIDÉRÉE COMME SYMBOLE
POPULAIRE . . . . sous presse

LES POÈMES DE CAIUS VALÉRIUS
CATULLUS . . (*Traduction*). sous presse

PENSES-TU RÉUSSIR ! . . . . à paraître
(*Lettres à un jeune homme*).

LES AMPHORES DE PHEIDAS

Afin de satisfaire à un goût pathologique pour les plaquettes, il sera publié séparément huit contes. Chacun de ces contes sera tiré à 25 exemplaires sur hollande Van Gelder, numérotés de A à Z, et 275 exemplaires sur vélin.

LES AMPHORES DE PHÉIDAS

CONTES

Erythrée

PAR

JEAN DE TINAN

ORNÉ PAR MAURICE DELCOURT

PARIS
ÉDITION DV MERCVRE DE FRANCE
XV, RVE DE L'ÉCHAVDÉ-SAINT-GERMAIN, XV

M DCCC XCVI

PRÉFACE DE CES CONTES

Dans l'Aphrodite de M. Pierre Louÿs, après avoir parlé de Orphée à la petite reine Bérénice, Démétrios ajoute : « Je n'ai pas dit cela pour que tu comprennes. Je t'ai conté une histoire pour te calmer un peu. Maintenant il est tard et il faut dormir. »

Les histoires dont vous allez lire la première, j'aurais aimé à les épigraphier de cette phrase : Je ne les ai pas écrites pour que vous les compreniez, mais seulement pour m'amuser un peu en essayant de plaire quelques instants à ceux qui ont échappé à la ridicule manie de vouloir un rapport brutal entre tous les alinéas qui, typographiquement, se suivent.

Il ne faut pas chercher la logique paradoxale d'un Essai ou la continuité d'un Roman là où l'on s'est proposé de plaquer des phrases, selon l'imprécision d'une émotion, un peu comme l'on griffe des accords énervés aux soirs orageux d'automne.

Je sais que ceux qui, sans se satisfaire de l'unité de sens qui sera certainement donnée à mon livre par ce que M. Henri de Régnier appelle : « les concordances mystérieuses qui existent malgré tout entre toutes choses », voudront atteindre à des significations secondaires, trouveront dans ces contes plus et moins que je n'y ai voulu mettre. Un Essai, un Roman doivent affirmer clairement ; je pense qu'un Conte doit être comme un miroir que l'auteur cisèle pour que des reflets s'y encadrent.

ÉRYTHRÉE

Il y aura sept contes parce que l'on distingue sept couleurs dans un spectre pur, et un huitième parce que ces couleurs dispersées se mêlent en la seule lumière blanche.

J'écrivis l'un de ces contes dans le parc triste d'une ancienne abbaye où des ruines de chapelles écroulées se dressent au bout des allées sombres......

Une amie jolie, frêle et passionnée, et qui savait chanter les mélodies de Schumann, de Grieg et de Hahn, se pencha sur les feuillets qu'éparpillait la brise levée sur la mer changeante.....

A la fin des nuits d'hiver où le retour froid le long des avenues désertes succède au rire des amis dans les salles brillantes, j'ai attendu les conseils du matin.....

ÉRYTHRÉE

Chacun de ces contes sera fonction d'un décor large ou morne et des baisers qui l'auront scandé. Et c'est parce qu'elles tiennent ainsi à nous que nous avons quelquefois plus de tendresse pour ces productions de nos paresses fatiguées et rêveuses que pour les livres vivants où nous nous efforçons.

J. DE T.

Quartier Latin, Décembre 1895.

LES AMPHORES DE PHEIDAS

> « On sait que la somme des
> « couleurs-lumières donne du
> « blanc..... »
>
> « L'expression de lumière blanche
> « ne correspond à aucune réa-
> « lité physique déterminée. »
>
> LES PHYSICIENS.

PROLOGUE

« Il était plusieurs fois un jeune
homme si beau..... »
          TANCRÈDE.

Vers le soir, Phrontidzos le Niobide vit sur la route un homme dont le visage était caché dans un pli du manteau de laine blanche. L'homme s'approcha de lui, et, lui ayant pris la main, se découvrit le visage. Puis il parla ainsi, avec emphase :

« Passant — j'ai vu, autour de ton sourire, la lassitude inquiète de ceux qui ne sont pas satisfaits de vivre, et j'ai compris que tu marchais sur les chemins au devant de la leçon des destinées. La poussière des routes a recouvert sur tes sandales la boue desséchée des marécages; tu as marché dans les sentiers qui conduisent vers la montagne, et la mousse humide, au soir, était aussi douce à tes pieds que le sable des grèves dorées où une eau, tout à l'heure invisible, emplissait peu à peu les empreintes de tes talons. Tu es entré dans les villes, mêlé à la foule qui ne remarquait pas ta pâleur; tu as déposé les guirlandes au seuil de bien des temples et tu t'es incliné vers la gorge des femmes fardées qui le soir te parlaient sur les portes.

Si maintenant tu gravissais les marches de la maison blanche où tu vécus, ta vie passée ne reconnaîtrait pas ton regard : il y a l'indulgence, le reflet des douleurs, et la douceur de tous les doutes.

Elle est tombée, la fièvre ardente qui, aux jours pourprés de tes curiosités premières, te dressait, les tempes en feu, en un désir envolé d'une vérité que tu imaginais unique; et tes indignations ont cessé, une à une, parce que tu apprenais à connaître le sens partiel de tout, et la sincérité de la sensation seule; tu t'es affranchi de l'ennui vain de juger les actes pour cueillir, d'un geste calme, aux beaux arbres du chemin dont les branches ployées viennent effleurer tes cheveux, les fruits mûrs et légitimes des émotions — toutes — qui nous font jouir de notre âme.

J'ai vu ton sourire, et, m'étant approché de toi, j'ai pris ta main et je t'ai découvert mon visage, pour que tu t'enrichisses aujourd'hui de ce qu'il m'est donné de signifier. »

Puis il ajouta :

ÉRYTHRÉE

« Nous nous étendrons tous deux dans une salle fraîche et nue, nous boirons des vins tièdes dans des coupes de métal et je te parlerai de moi-même. »

Phrontidzos le regarda. Il était beau d'une beauté effacée, comme meurtrie d'avoir été touchée par une infinité de caresses légères ; des rides presque invisibles faisaient songer à des effleurements lointains et à des brises à peine embaumées ; les yeux sombres, au regard bleu, étaient une violence adoucie, et la bouche arquée, les lèvres plissées et molles, paraissaient conserver l'empreinte des gerçures anciennes et des paroles murmurées. Le front, très pur, éclairait ce que les traits ternis auraient pu avoir de trop simplement voluptueux ; les cheveux bruns, mêlés de fils clairs, descendaient un peu bas sur les tempes, et des bandelettes blanches retenaient les tresses; un des bras, armillé d'argent, soutenait les plis du manteau agrafé et les rubans noués d'un chapeau de paille jaune. La démarche fière semblait imposer une certitude.

Ils s'écartèrent à gauche de la route et traversèrent un bois d'oliviers; dans une étroite clairière Phrontidzos vit un autel de marbre, puis ils prirent un sentier parmi les hêtres. Ils se tenaient par la main et ne parlaient plus. Lorsqu'ils furent arrivés à la demeure, et que Phrontidzos franchit la dalle noire du seuil, son compagnon s'inclina et dit : « Je me nomme Phéidas — sois le bienvenu. »

ÉRYTHRÉE

Phrontidzos quitta ses vêtements poussiéreux et fit couler sur son corps las la fraîcheur de l'eau des vasques; il dénoua ses cheveux et frotta d'huiles odorantes ses poignets et ses chevilles; puis il prit la tunique que l'on avait apportée et se fit conduire près de son hôte.

Il trouva celui-ci dans une chambre basse où ne pénétrait que peu de clarté. Des fleurs cueillies se fanaient dans des vases d'albâtre, et, comme Phrontidzos prenait un narcisse au cœur d'or : « Je ne m'en inquiète pas » — dit Phéidas — « et je laisse à des esclaves que j'ai le soin de garnir à nouveau ces vases. Ces mêmes esclaves se préoccupent aussi de beaucoup d'autres choses compliquées ou simples

ÉRYTHRÉE

— ces choses ne sont pas nécessaires, mais ceux-là croient qu'il faut qu'elles soient ainsi, et ils les vénèrent avec tranquillité, comme si elles constituaient quelque rite antique et somptueux, linceul attristé d'un ésotérisme oublié à jamais. »

Puis il indiqua d'un geste, rangées sur un banc de bois noir, sept amphores semblables mais diversement colorées, et, d'une voix claire et clamante :

« Je te parlerai de celles-ci, de ce qu'elles renferment : les cendres de ce qui fut mon passé, l'authentique symbole de mon effort en cette vie. Que les Puissances te guident par la main dans une voie autre et plus véritable, — si cependant toutes ne conduisent pas de même à l'ineffable fin. »

ÉRYTHRÉE

Ils s'étaient assis tous deux sur un siège bas recouvert de cuir dur, et Phrontidzos accoudé, le regard fixé aux amphores, écoutait les paroles fiévreuses, les phrases pompeuses ou saccadées.

ÉRYTHRÉE

« Voici sous quelle forme il ressentait
« cette réalité par lui découverte. »
MAURICE BARRÈS

*Quoi dono lepidum novum libellum
Arido modo pumice expolitum ?*

C.-V. CATVLLVS.

A mon ami

PIERRE LOUŸS

Ste. Côte d'Ingouville et côte de Grâce.
(Juillet 1895.)

I

« Erythrée ! — le soir est lointain où je te vis passer dans un crépuscule de victoire. Les Barbares superbes t'entouraient, hurlant des hymnes rauques et brandissant des haches de fer; le vent des forêts soulevait comme des flammes les mèches ardentes de leurs chevelures, et leurs enthousiasmes bruyants s'exaltaient au fracas triomphal des armures conquises.

ÉRYTHRÉE

Lorsque tu passas — ô Reine — j'oubliai l'horreur même de mes parents tout à l'heure massacrés au seuil de la maison de mon enfance, et lorsque je vis ton regard je ne sentis plus la douleur des meurtrissures de ma chair et je cessai de haïr le glaive qui avait épargné ma jeunesse. J'adorais en moi-même un délire inconnu auquel participaient toutes les puissances de ma vie : volupté de quitter l'orgueil amer du vaincu pour l'orgueil plus hautain d'adorer l'excellence du vainqueur.

Erythrée ! J'ai vêtu devant toi les manteaux écarlates de ma volonté.

Lorsque au lendemain je parus devant elle, elle se tenait, fière en la rigidité de la robe teinte, devant le thrône de porphyre drapé de pourpres sarraniennes, et l'incarnat de sa

ÉRYTHRÉE

bouche entrouverte tachait son beau visage pâle et immobile d'un signe impérieux. Je m'avançais lentement sur les nattes parsemées d'alcées-roses ; les soldats haussaient sur mon passage les torches fumeuses, tandis que par intervalles les cymbales tintaient lourdement. Je marchais la tête haute, parce que mon père avait combattu comme les aïeux héroïques, mais en moi haletait un éperdu désir de m'agenouiller sur les marches froides pour étreindre ses genoux aigus en disant les paroles suppliantes.

Elle descendit au devant de moi : à chaque pas les pierreries de sa robe ajoutaient leur scintillement au bruissement des étoffes froissées. Elle étendit la main, et posa les doigts sur la plaie qui saignait à mon front. Elle me prit le bras, et marcha vers la tente de soie qui s'élevait au milieu des trophées; derrière nous les portières brodées retombèrent.

Je me souviens des paroles qu'elle prononça, du rythme de sa voix et de la lenteur nerveuse de ses gestes.

« Je suis la fille de la Terre » — dit-elle — « et je suis venue des contrées lointaines où la neige est teinte de pyrrhine, suivie des hordes invincibles des hommes aux yeux clairs qui au lendemain des batailles éclatent de rire en frottant de sable les lames tachées de leurs épées. Lorsque nous avons quitté les villes emportées, l'odeur fade du sang emplissait leur silence : les vieillards ont été tués aux terrasses des jardins des palais, et les prêtresses ont été violées sur le parvis des temples.

ÉRYTHRÉE

J'ai connu ma virginité une nuit que les soldats avaient dressé ma tente au fond du sanctuaire du dieu — mais j'ai dédaigné l'étreinte maladroite des guerriers, et les plis lourds des étoffes épaisses ont masqué la pâle fureur de ma chair. »

Elle me prit les poignets et se pencha vers moi : je sentais sur mes lèvres le souffle de ses paroles, et l'odeur fauve de sa beauté faisait battre mes paupières.

« Enfant — je t'ai conquis et tu es mon esclave, et tu seras, je le veux, le moyen de ma volupté. »

Son étreinte s'adoucit en langueurs et sa voix devint presque suppliante :

« Tu enlaceras tes bras sous mes épaules, et tu diras, le soir, les paroles douces que je ne connais pas. Tu caresseras mes cheveux et mes épaules, et, tandis que tu détacheras les agrafes une à une, des désirs de violence m'exaspèreront : mais tu baiseras longtemps les contours de mes seins sans t'arrêter à une caresse centrale et précise, et je sentirai mes seins se durcir, et leurs pointes gonflées me seront des brûlures.

Lentement.

Mes dents grinceront à se briser lorsque tu appuyeras ta main aux palpitations de mes hanches; mais tu écarteras seulement mes lèvres pour baiser mes gencives, et je crisperai mes pieds nus aux étoffes.

Tu sauras — n'est-ce pas — faire se succéder vers les caresses tous les désirs dont l'assaut brutal me brise sans volupté; lorsque tu poseras les mains sur mes genoux je me renverserai toute entière, mais tu demeureras un instant encore immobile, le front contre mon bras. Tu sauras — n'est-ce pas — me faire sentir toute mon âme haletante dans la prison sublime de toute ma chair émue, car il faut que l'âme soit en nous éveillée tout entière pour accueillir les longues vibrations des spasmes dont elle peut seule prolonger la splendeur momentanée. »

Ses lèvres tremblaient à chaque mot, et elle ajouta très bas, en croisant les poignets de ses petits bras nus étendus :

« Je veux la volupté d'être possédée tout entière, et je pénétrerai en toi par les portes de tes six sens. C'est ainsi que les idées se pâment lorsqu'elles sont lentement comprises par l'effort des esprits superbes, et je sais qu'il y a des dieux jaloux qui se lamentent d'être

ÉRYTHRÉE

inconcevables et damnés aux spasmes solitaires ; nos extases, à nous, sont finies et transitoires, et nous ne serons jamais las de notre éternel élan.... »

Elle se pencha de nouveau, ses yeux se troublèrent et ses tempes battirent ; sa voix devint sifflante :

« Regarde comme mes lèvres sont rouges, elles sont brûlantes, et veulent sentir couler le sang des morsures, mais elles s'écraseront en baisers sous les tiennes lorsque nous aurons prosterné nos chairs aux belles lassitudes, et qu'entrelacés pour les sommeils alanguis nous reposerons en mêlant nos sourires jusqu'au retour attendu de la divine fureur. Elles seront gercées, nos lèvres, et nos cœurs meurtris d'avoir battu si fort, mais nos yeux au réveil luiront sous les paupières lourdes....

Veux-tu — venger la blessure de ton front en faisant saigner ma chair ?... »

Je sentais contre moi, à travers les étoffes, l'ardeur jeune de sa pâleur, et tandis qu'elle parlait je regardais l'éclair blanc de ses dents humides, et ses petites lèvres qui tremblaient.

Pheïdas, s'étant levé, renversa vers le ciel la paume de ses mains, puis il toucha sa gorge et prononça très bas quelques phrases :
« Érythrée ! Tu parlais de ta chair et je t'ai comprise jusqu'à l'âme en un désir harmonieux. Tu enseignais qu'il faut sans hésiter accueillir la beauté de l'émotion présente, et qu'il ne faut rien sacrifier au passé. J'ai laissé sans regrets les cadavres des miens pour ton

ÉRYTHRÉE

corps vivant, et par toi maintenant tenter l'effort inconnu, car nous ne savons pas mesurer le rapport des apparences, il n'y a pas lieu de séparer l'âme de la chair et la vertu de la beauté, il faut seulement agir selon notre sincérité. »

Il inclina la tête et reprit :

« 'Erythrée la petite reine ! — Sa chair nacrée était si frêle que les places douces étaient presque bleues : les yeux tièdes, le pli caressant des aisselles et des aines soyeuses, l'intervalle tendre des seins écartés — ses bras étaient minces près des coudes, et ses cuisses étaient minces au dessus des genoux, à ses chevilles étroites cliquetaient des cercles de corail, et ses poignets plus minces que ses chevilles se paraient de l'agilité de ses mains sans bagues — lorsqu'elle touchait ses hanches de ses coudes, les aréoles mauves de sa gorge se dressaient, et ses reins fléchis frémissaient jusqu'à la nuque creuse ou se séparaient les cheveux tressés et souples — ses dents pâles luisaient.

Ses deux mains rapprochées me serraient le poignet, et elle renversait la tête en mordant sa lèvre sans fermer les yeux ; j'appuyais ma joue contre l'épaule ronde dont je respirais le parfum un peu rauque, je tenais un de ses genoux dans ma main, et par instants je sentais l'autre petit talon lisse frapper légèrement ma hanche.

Des esclaves lybiennes flûtaient doucement dans leurs plagiaules obliques.

ÉRYTHRÉE

Le soir, elle se fit apporter un petit miroir d'étain qu'elle avait, et dont la poignée simulait vaguement l'enlacement d'une branche de chêne et d'un rameau de cytise ; lorsqu'il fut disposé près d'elle sur les coussins, elle s'accouda, soutenant de ses paumes mignonnes les tempes délicates, et, penchée au-dessus du miroir, elle regarda longuement les simples reflets d'elle-même : ils apparaissaient attristés de toute la froideur du métal, semblant toujours près de disparaître, s'atténuant de buées légères sous les respirations calmes — mais, quelque position qu'elle prit, toujours le miroir d'étain ne présentait à ses regards que des fragments du reflet d'elle-même. Elle se penchait davantage ou bien se redressait un peu, ainsi elle parvenait à voir ses yeux et son front, ou bien sa bouche pâlie et l'ovale aminci du menton. — Ses yeux l'effrayaient, ils étaient très grands et semblaient incompréhensiblement meurtris — ils étaient d'un bleu aussi sombre que la mer d'hiver — mais elle ne pouvait comprendre quelles étaient ces brumes éclatantes qu'elle voyait passer au fond de leur immensité. Elle crut que ces brumes montaient vers elle du fond de son âme et elle eut peur : pourquoi ne parvenait-elle à voir que des fragments du reflet d'elle-même? Elle jeta le miroir et se tourna vers moi : « Toi, n'est-ce pas — tu me vois tout entière, tout entière — tout entière? » Je m'agenouillai en touchant ses cuisses, mais elle recula un peu, et montra en souriant les étoffes brunies par le sang; puis elle se jeta contre ma poitrine en tendant la tête.

II

Au milieu de l'armée des barbares nous vécûmes.

Derrière nous les villes brûlaient dans la nuit, et parfois les soldats appelaient à grands cris ceux des leurs tombés dans les combats, puis ils songeaient que eux aussi recevraient quelque jour la dernière blessure, et ils riaient aux éclats, car leurs chefs leur avaient assuré qu'ils retrouveraient au-delà de la mort la pompe des festins, le tumulte des armes, et les pâles vierges éplorées que l'on achève de tuer après les avoir prises.

Nous suivions le cours des fleuves et nous traversions les montagnes. Sur les cimes, les aigles s'essoraient, gênés par le frissement des flèches, et les soldats frappaient les boucliers en clamant des menaces.

ÉRYTHRÉE

Sur les terrasses des villes vernissées qui s'étagent au bord des mers bleues, dans la fraîcheur monotone des grands éventails de plumes, j'ai connu sa chair d'été.

Les gouttes fines de sueur lustraient les toisons touffues, et la peau moite adhérait aux caresses. Nous regardions les dimachères nus combattre sur les dalles glissantes, elle croisait ses poignets en crispant les épaules, ses narines se gonflaient à l'odeur des blessures, et, lorsque au soir les juives aux sourcils peints dansaient dans les flaques de sang noir, elle demeurait les yeux fixes en écartant les lèvres.

La nuit, elle se jetait contre ma poitrine avec des paroles balbutiées.

ÉRYTHRÉE

Dans les forêts fleuries où les oiseaux chantaient l'appariade, j'ai connu sa chair de printemps.

Les amômes écrasées tachaient ses mains, et ses joues plates se teintaient de joie. Nous regardions les bêtes rousses dont la course brusque trouait les fourrés, elle se serrait contre moi avec des attitudes blotties, les plis des cuisses serrées s'effilaient vers les hanches, et lorsque j'avivais ses seins de mes lèvres ou me penchais pour une autre caresse, ses prunelles bougeaient lentement dans les yeux ouverts.

La nuit, elle riait doucement en roulant sa tête dans ses cheveux.

ÉRYTHRÉE

Dans les hautes salles des palais conquis où s'attachait l'orgueil des rois suppliciés, j'ai connu sa chair d'automne.

Elle joignait les doigts au-dessus de sa tête et se dressait comme une statuette de perle. Je regardais la double courbe souple qui sinuait de ses chevilles à ses mains, elle s'avançait fantastiquement dans la clarté des flammes jaunes par un mouvement insensible de ses pieds joints, et ses lèvres murmuraient un sourire qui n'atteignait pas les yeux noyés.

La nuit, elle se meurtrissait à moi en gémissant inlassablement son ardeur.

ÉRYTHRÉE

Nous effeuillâmes les empires. Nous vîmes un si grand nombre de temples que nous comprîmes qu'il suffisait d'adorer un seul dieu, et plus tard nous sûmes que ce dieu était en tout, et qu'il convenait de l'adorer en nous-mêmes.

La ferveur de notre étreinte fut la plus efficace prière — nos visages étaient blancs comme la cire, nos ongles mêmes se décolorèrent.

Des désirs illuminaient nos faiblesses de la nostalgie de la connaissance.

ÉRYTHRÉE

……… Chaque jour le nombre de soldats diminuait. D'invisibles archers les visaient au-dessus de l'armure, et parfois, déjà morts, ils demeuraient immobiles, tandis que vibrait encore le trait qui leur traversait la gorge. Un à un ils s'écroulèrent. Un soir, ceux qui survivaient furent enfermés dans un cercle de montagnes ; quand ils s'en aperçurent, ils tirèrent en chantant leurs larges épées et se ruèrent aux défilés défendus. Debout près de moi, Erythrée les regardait combattre.

Les boucliers craquèrent sous le poids des pierres lancées ; les casques brisés répandirent

ÉRYTHRÉE

les chevelures ardentes ; le long des moustaches claires des filets de sang séchèrent.

Ils redressaient du pied les lames tordues des épées, en criant leur dédain joyeux.

Un à un ils s'écroulèrent. Lorsque le dernier, écartant les bras, tomba sur la face dans la boue du combat, Erythrée se tourna vers moi et je reconnus à peine son regard — peu à peu son âme s'éloigna de la mienne avec des sourires terrifiés, et le lendemain elle mourut en pleurant, après avoir tenu devant ses yeux le miroir d'étain qu'elle avait.

ÉRYTHRÉE

Lorsque la flamme claire s'éleva au-dessus du bûcher escarpé, je pensai éperdûment à elle : — au-delà des belles voluptés que nous eûmes, quelles extases avait-elle entrevues qui se prétendaient suprêmes ? Au moment de mourir, s'était-elle aperçue de son erreur, et qu'entre mes bras elle s'était en vain abandonnée de toute sa volonté ?

Je songeais aux liens mystérieux qui liaient son existence à celle des soldats roux qui conquéraient les villes, pillaient, violaient et tuaient en hurlant des chansons naïves.

— Je lançai le miroir d'étain dans les flammes ; le métal fondit et brilla.

ÉRYTHRÉE

J'ai recueilli les cendres, et le lingot d'étain qu'avaient terni les oxydes. Je les conserve dans cette amphore pourprée où d'étranges bosselures simulent des pierres rouges inconnues.

Je pense à Erythrée sans inutiles regrets.

Pheidas cessa de parler et regarda son hôte comme s'il attendait une question ; puis 1 ajouta : « Maintenant je te parlerai de femmes plus précises, sinon plus réelles.... »

OTES

(Je n'essayerai pas de dissimuler un seul instant à quelques-uns des curieux lecteurs que le principal but de ces NOTES *est de donner un peu d'épaisseur à cette plaquette.)*

I

ENVOI A STÉPHANETTE

*En t'envoyant ce livret pour que tu te souviennes,
j'écris ici un vers de Pétrarque :*

      E le mie colpe a se stessa perdoni

ce vers a été traduit par Ronsard :

    O douce — pardonnez mes fautes à vous-mêmes.

*Malgré qu'il soit convenu que nous ne nous aimons pas,
depuis que tu es partie je pense souvent à toi comme si
je t'aimais...*

— et puis..... heureusement que tes amies sont là.

II

à André Lebey.

(*Vers le soir, Phrontidzos le Niobide...*)

Il nous est enseigné que Niobé était née de Tantale, et, qu'ayant épousé Amphion, elle en eut sept fils et sept filles.

Or nous savons que Tantale s'explique par le vain désir — et Amphion avait appris d'un dieu les accords qui extasient. Aux sons de sa lyre, les pierres charmées s'érigèrent à Thèbes en murailles — c'est ainsi que dans l'exaltation nous nous construisons de nos songes un idéal. Il est donc permis de supposer que les Niobides signifient les très beaux espoirs, car ces espoirs sont faits de désir et d'idéal — et dans ce sens l'élucidation est aisée.

ÉRYTHRÉE

Niobé fut fière de ses enfants..... elle les vit alors périr sous les flèches aigues des Latoides ; de même, lorsque fiers de nos espoirs nous tentons de les réaliser, ils meurent : cependant ils ne meurent jamais tous, c'est pourquoi la légende rapporte que deux des enfants d'Amphion furent épargnées par la vengeance de la fille de Céus.

On dit qu'alors Niobé s'en fut dans la solitude du mont Sipyle, et pleura toutes ses larmes ; puis elle fut métamorphosée en pierre par des dieux pitoyables qui savaient l'épouvantable martyr de ne pouvoir épandre sa douleur — car les dieux ne pleurent pas, et les larmes de Jésus furent des larmes humaines.

J'aurais voulu conter un jour ce qu'il advint des deux enfants de Niobé qui s'enfuirent.

Ils quittèrent, en se tenant la main, le palais devenu silencieux, et pendant longtemps leurs pas indécis laissèrent des traces sanglantes sur la blancheur des chemins. Leur jeunesse où virait dans l'oubli le souvenir des flèches cruelles. Comment Phrontidzos quitta sa sœur Philéma pour s'égarer vers l'action pendant qu'elle subirait le rêve : ce fut alors qu'il rencontra un soir Phéidas le fou et l'écouta. Le retour. Leurs hésitations. Leurs baisers incestueux. Leur mort. L'épitaphe qu'un sage inconnu écrivit sur l'angle de leur tombeau.

Il est probable que toutes ces belles choses demeureront dans les fumées de cigares où elles naquirent.

Les meilleurs de nos livres sont imprimés sur fumée de cigare.

III

(... tes six sens..... L'âme..... mon âme..... son âme.....)

Il y a six sens. L'*âme* est le sixième. Cela suffit pour m'expliquer beaucoup de choses. Je n'ai pas dit pour vous les expliquer à vous. Il serait ennuyeux — et si inutile — de discuter. N'insistons pas.

(... dieu....., les dieux....., un dieu.....)

Le mot *dieu* exprime seulement une *sensation de l'âme*. Je prends le mot *sensation* à son maximum de compréhensibilité.

.IV

(... *nous vécûmes*.....)

Phéidas se montre d'une discrétion qui mérite d'être louée. Il eut pu entasser ici une série d'aventures, toutes moins nécessaires les unes que les autres, pour y utiliser les mots dont il a des listes. Je vous dirai une de ces aventures, pour que vous sachiez si vous regrettez les autres :

« Phéidas et Érythrée étaient assis une fois sur des pierres polies au bord d'une fontaine. La lune semblait n'être plus qu'un fil d'or échappé de la chevelure blonde de Hébé. Une opacité d'ennui les enveloppait ; Érythrée s'appliquait à demeurer très immobile, comme une petite fille sage, voulant des symétries parfaites aux plis de ses tuniques plissées, comme si elle eût espéré vainement forcer par le calme des choses ses propres rêves à être moins compliqués.

(Pourquoi nos rêves s'enlacent-ils obstinément ainsi à ce qu'il ne faudrait pas connaître, à ce que nous ne voulons pas connaître ? Les fleurs des plus candides puretés s'effeuilleront aux souffles pervers des nuits trop tièdes.)

« Érythrée s'imagina que l'eau tranquille de la fontaine était puisée aux sources inconnues de la mer où se miraient les Sirènes. (Les Sirènes l'excitaient beaucoup.) Elle voulut plonger ses bras minces dans l'eau glacée pour y faire saigner des parcelles d'avenir; Phéidas la retenait, bien qu'il n'y eut pas de danger.

« Érythrée aimait les pâles caresses de l'eau ; peu à peu elle plongea les bras davantage..... maintenant presque jusqu'aux coudes, puis elle agita doucement les mains, et la fontaine unie sembla

ÉRYTHRÉE

frissonner ; bientôt l'eau atteignit — plus haut — cette place de chair délicate, et ce fut l'enfant qui frissonna éperdûment : elle se jeta en arrière avec des gestes souples et brusques, et, tandis que Phéidas souriant essuyait les bras blancs et beaux avec un pli de son manteau de laine blanche, Érythrée accueillait délicieusement la pensée obsédante des eaux rêvées, fraîches et limpides, dont elle eût voulu se sentir mouillée. »

Peut-être Phéidas ne connaissait-il plus cette histoire :

« Un matin, un vieillard ridicule s'était arrêté devant eux, il tenait une ramure fleurie, — le parfum des myrthes s'évapore encore — mais les paroles trébuchaient lamentablement au bord de sa bouche édentée : « Reine » — disait-il — « il ne faut connaître que les caresses fécondes et les étreintes bénies de la déesse. Tu seras le champ sacré où germera l'éternelle semence. Il faut choisir celui qui t'enlèvera dans ses bras pour te porter au-delà du seuil en chantant les hymnes antiques consacrées aux loyales allégresses. Tu vivras selon les lois simples du bonheur. Il faut filer la laine des brebis et pétrir les gâteaux de froment ; les figues du verger seront douces, et tu mêleras le lait au miel. Tu connaîtras la joie des tranquilles sourires après la tâche accomplie ; les fatigues seront oubliées parmi les baisers aimants des enfants et le calme bienfaisant..... » On fit jeter dehors ce vieillard emphatique et stupide. »

Il y a beaucoup d'autres épisodes.

V

(Phéidas cessa de parler...)

Un de mes amis, qui lit avec beaucoup de soin ce que j'écris, prétend que Phéidas aurait pu se contenter de dire : « Mon adolescence aima, au gré des décors, parmi les illusions audacieuses, une image rêvée qui mourut de leur mort. »

Il aurait aussi pu souffler des bulles de savon, ou jouer un peu de piano.

Les bulles de savon crèvent en petite pluie irisée.

Il y a aussi des fausses notes.

D'ailleurs..... « *Il y a mieux, mais c'est plus cher.* »

prochainement :

CHRYSOPHÈNA

avec cette épigraphe :

« Nous avons eu la passion
« d'être sincères et conformes à
« nos instincts. »

MAURICE BARRÈS.

GLAVCÉ

avec cette épigraphe :

« Comme j'admirais sa lon-
« gue barbe et son crâne chauve,
« il est très vieux, me dit-on ;
« c'est un contemporain de cho-
« ses disparues. Il a connu l'usage
« de sacrifier aux dieux et de boire
« le vin en des outres de peaux
« de bouc. Il a rencontré, dans
« les îles de la mer, Aglaophone,
« Thelxiope et Pisinoé, les trois
« Sirènes ailées qui étaient ainsi
« avant que les Muses les châ-
« tiassent, car tout a changé de-
« puis ; les dieux ont sacrifié leurs
« fils aux hommes ; on garde le
« vin en des bouteilles de verre
« transparent et les Sirènes pois-
« sonneuses ont perdu leur an-
« tique envergure. »

HENRI DE RÉGNIER
(L'Amphisbène)

ACHEVÉ D'IMPRIMER

le vingt-deux février mil huit cent quatre-vingt-seize

PAR

CHARLES RENAUDIE

pour le

MERCVRE
DE
FRANCE

www.ingramcontent.com/pod-product-compliance
Lightning Source LLC
LaVergne TN
LVHW020946090426
835512LV00009B/1735